出洋

馬祖 *Find* 系列

王花俤／著　郭金昇、董逸馨／繪

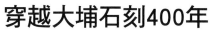

穿越大埔石刻400年

▌縣長序

「婆娑海洋，幸福馬祖」，我們所世居的島嶼，四周海洋藏有無盡希望！從亮島人到藍眼淚，代代先民在這片海域與島嶼，過著趕鮮式海洋生活。生活即是文化，在我們的文化底層，潛藏著冒險犯難、豪氣質樸、刻苦進取的精神，形成共同的無形的文化資產。今增應受縣民付託，接掌縣政以來，極力思索海洋出路，善用馬祖列島優越的地理位置，以島為節點，暢通海上通路，掌握海洋資源並創造財源，打開國際視野，希望注入一股新海洋文化的活力。

歷史是一種線性的思維，在時間長河裡，提供我們了解過去的線索，為新的契機，找到不同的視野與可能的活力。欣聞本縣文史工作者──王花俤，在校長任期屆滿毅然退休，孜孜於案牘書稿，於去年編著出版《馬祖文化事典》後，繼續經過一年多實地走訪海峽兩岸，凡沈有容將軍走過的歷史足跡，皆親履感受16、17世紀的大航海時代，波瀾壯闊般海洋史記，著作《出洋：穿越大埔石刻400年》，書寫400年以前，東莒島乃至馬祖列島與東亞航路上的國家或地區，所發生的關聯。在海商與海防之間，

大膽突破歷史的困境，為東亞貿易圈找到窗口。

　　偉蹟勒石啟示，史記殷鑑不遠，期勉積蓄「出洋」氣勢，再造海洋新

精神！

連江縣縣長　劉增應

▌處長序

古蹟，不應該只是冰冷的建築體！

因此，必須翻轉文化資產保存的刻板印象，賦予古蹟新的價值，在於傳承「以人為本」的記憶，強調敘事的原真性，延伸時空的連續體，並且還原歷史的現場，對當代人或族群的生活有所啟示。這正是文化部目前所提出「再造歷史現場」的構想，希望將古蹟、歷史建築與聚落，納入永續性的維運計畫，讓歷史大現場穿越，回應當代人的生活。

《出洋：穿越大埔石刻400年》的書寫，正好呼應再造歷史現場的意義！

這本書取材於東莒島大埔石刻，距今正好滿400年。短短41個字，不僅環繞於沈有容將軍抗倭事蹟；而且順著讀本章節，一路跟隨沈有容的歷史足跡，穿越東莒島、福州、泉州、金門、澎湖、台南等環台灣海峽兩岸諸地，切入海防與海盜之間錯綜複雜關係；再研讀本軸線，打開16與17世紀的大航海時代，回溯荷蘭、西班牙、葡萄牙船艦進入東亞海域，衝擊亞洲傳統的朝貢貿易。尤其是沈有容遺留在台閩（澎湖、東莒）這兩塊

碑文，足以回應當代人，我們的海洋生活史觀，應該以更開放與寬容的胸

襟，勇於改變與接受新的視野。

　　《出洋：穿越大埔石刻400年》付梓出版之際，我隱隱約約看到了海洋

史觀的脈絡，與出洋的大氣魄！

連江縣政府文化處 處長 吳曉雲

▋作者序

　　每次書寫自己家鄉的島嶼，更靠近海洋文化的臍帶。

　　馬祖列島我的家鄉，北自東引島的北固礁，南迄於莒光島的林坳嶼，共計36座島礁星羅棋布，猶若上天撒落在閩江口外的一串珍珠，江海交匯構成獨特的生態系統，形塑多樣的人文風采；先民以海為耕，過著海上牧民的簡居生活；海洋性格鮮明，帶有冒險犯難的精神。跨海出洋，不受疆界的侷限；跳島遷移，不受傳統的框架。島嶼的地理位置，向來具有疏離與連結海洋的特性，宋元以後東西洋航線不斷延伸，進出閩江口，馬祖列島正好被嵌在東西洋的交通網絡，透過海洋與世界連結。當海防武備需要，卻可能封鎖島嶼與世界疏離，明初厲行海禁國策，墟地徙民，反而以海洋困住島嶼。過去，馬祖列島的歷史命運，一直糾結游離在絲綢航線與海防戰線之間。

　　閱讀文獻與走讀史蹟，更印證海洋歷史的足跡。

　　價值來自意義，400年前大埔石刻印記什麼樣的意義？有機會為了書寫而大量閱讀，重新踏上沈有容將軍的海洋路徑，牽連出一段環台灣海峽

的海洋歷史。於是循小三通走過黃岐半島的筱埕鎮定海古城堡，訪過連江陳第公園，登上青芝山參拜董公祠董應舉；繞過金門遊歷泉州灣的石湖浯嶼水寨舊址，以及崇武古城堡。飛越黑水溝落腳馬公市天后宮，看見「沈有容諭退紅毛番韋麻郎等」古碑，緬懷蛇頭山荷蘭人城堡。乘坐高鐵前往台南安平古堡與鹿耳門，一探大航海時代熱蘭遮城，以及體驗台南西拉雅人吉貝耍部落的孝海祭……一段段交疊古今的場景，湧現線索爬梳文書脈絡，重新認識大埔石刻400年來，所串起海洋發展的歷史大現場，感謝陳國春老師為本書書名題字，以及連江縣政府文化處與聯經出版公司鼎力協助，促成我萌發動機書寫馬祖列島，連結台灣海峽與周邊東亞海洋文化，短短數行勒石刻文，發現珍貴的文化資產，自書永誌莫忘來自共同的海洋！附記於實地踏查過程中，承蒙對岸的筱埕鎮書記，以及嘉義陳秀桃、台南李梨萍與何秀慧等各地朋友，鼎力協助促成美事，誠摯銘謝！

王花俤

目次
第一章
11:05

已讀
11:06
季風吹過泉州、福州、東沙島　12

目次
第二章
12:15

已讀
12:20
海禁、海商與海患之間糾葛　28

目次
第三章
13:08

已讀
13:15
水寨、水師與水岸之間部署　42

目次
第四章
13:26

已讀
13:27
渡過黑水溝破倭於東番　56

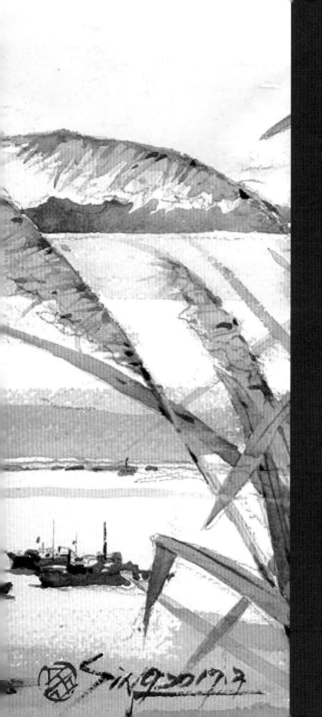

黄　　　岐　　　港

季風

吹過泉州、福州、東沙島

東洋水（俗稱藍眼淚）來了，
丁香魚也跟著來了，帶來海鳥的食餌。
黑嘴端鳳頭燕鷗混雜在鳳頭燕鷗群裡，
飛到閩江口鱔魚灘的溼地求偶配對，
然後選在馬祖列島下蛋孵育雛鳥；
九月趁東北季風起風時，
帶著成鳥分批飛向溫暖的南洋群島，周而復始，
環台灣海峽的島嶼和河口溼地，成為牠們飛行的驛站。
鳥的翅膀好似船兒的帆，靠季風的氣流推進，
航向溫暖的港灣。

泉州報關示意圖。為因應海外貿易日益興盛，於北宋元祐二年(1087)設立泉州市舶司，位在水仙宮附近的榷貨場。

泉州清淨寺中國最早的一座穆斯林教堂：建於北宋真
宗時期，元末重修，規模型制中西合璧，寺塔高聳，
可俯瞰泉州城內，寺外「橫河界之，通海水潮汐，短
橋以濟」，泉州港近在咫尺。

泉州九日山見證海上絲綢之路的
繁榮；現地遺存北宋至清代的題
刻共七十多方勒石。

「刺桐港為世界最大港之一。竟可謂是世界極大之海港，我在港中見大舶約有百艘，小舶不能數計。是為一大海灣，伸入陸地與大河連接。」這是元朝回教徒伊賓‧拔都達(Ibn Battuta)在中國遊記裡描述閩南泉州港的景象。

亞洲季風帶，自古以來就受季節風向轉換的影響，季風成為海上帆船的動力來源；因此，宋、元時期泉州地方官和市舶司，每年四月、十一月都要舉行祈風儀式，祝禱神明保佑來往的船隻順風平浪，今日泉州九日山還保留大批的祈風石刻，見證海上貿易的興盛。

北宋時期官府在泉州設市舶提舉司，採取鼓勵政策與合理稅收方式，招攬亞洲沿海國家與地區，前來朝貢或

泉州九日山摩崖石刻群中間這方石刻記錄南宋‧孝宗淳熙元年（1174）十二月，市舶提舉虞仲房祈風於延福寺。

貿易。由於福建沿海一帶，谷灣式地形特別發達，島嶼灣澳綿延不絕，天然港灣眾多，泉州灣得天獨厚的優勢，逐漸形成東方的國際大港，海上絲路的輻輳地。自宋元以來，興起一批又一批的海商階層，他們具有冒險犯難的精神，順著亞洲季風帶既有的路徑，從東亞到東南亞，延伸至印度與阿拉伯半島，連結成世界最大的貿易圈與互市的網絡，沿線的港市紛紛崛起，隨處看到泉州與阿拉伯商人的蹤影。

「百貨隨潮船入市，萬家沽酒戶垂簾。蒼煙巷陌青榕老，白露園林紫蔗甜。」北宋・龍昌期在〈三山即事〉詩裡描述福州的繁華景象。

泉州開元寺遺存的一對宋朝石塔。

福州位在江海的漕運樞紐，是福建另一座重要大港。北宋時期，福州太守蔡襄目睹港內「舟行新羅、日本、琉球、大食之屬」。《三山志》記載「官造舟，率就河口彌勒院之旁」，宋朝在福州設有造船廠，打造出大「福船」，能夠破浪遠航於朝鮮半島與阿拉伯半島之間海域，得力於福州、泉州一帶造船工藝的蓬勃發展，能製造出來尖底多桅與水密隔艙的貿易帆船。而且羅盤導航技術與量天尺的定位技術，開始應用於航海，發展出一套全天候的「針路」，有了航海技術與造船工藝，穿梭洋面如履平地。

泉州德濟門甕城的遺址位於泉州市鯉城區天后路，建於南宋紹定三年(1230)，當時稱為鎮南門，元至正十二年(1352)改稱德濟門。城門前的聚寶街、萬壽路是宋元時期進出口貨物的集散地。

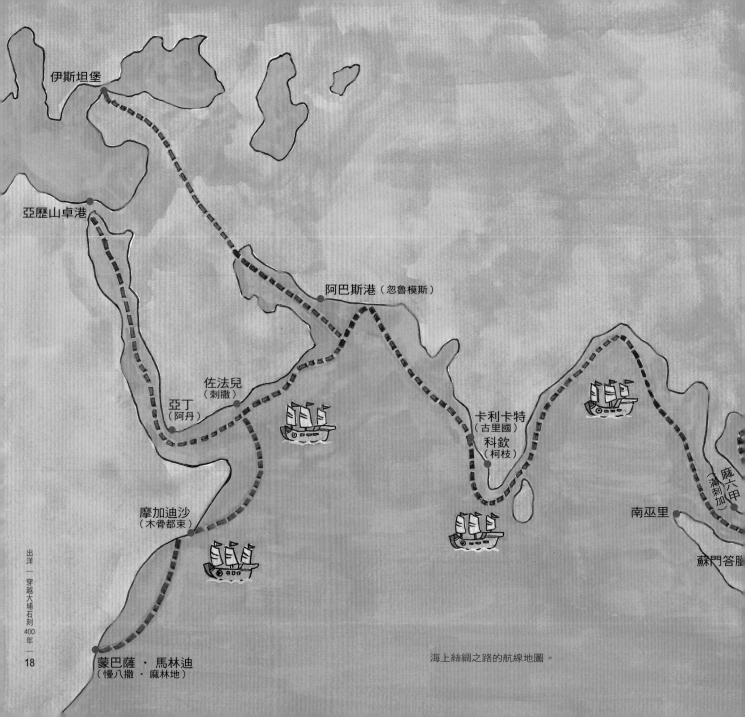

伊斯坦堡

亞歷山卓港

阿巴斯港（忽魯模斯）

佐法兒
（剌撒）

亞丁
（阿丹）

卡利卡特
（古里國）

科欽
（柯枝）

麻六甲
（滿剌加）

南巫里

蘇門答臘

摩加迪沙
（木骨都束）

蒙巴薩‧馬林迪
（慢八撒‧麻林地）

海上絲綢之路的航線地圖。

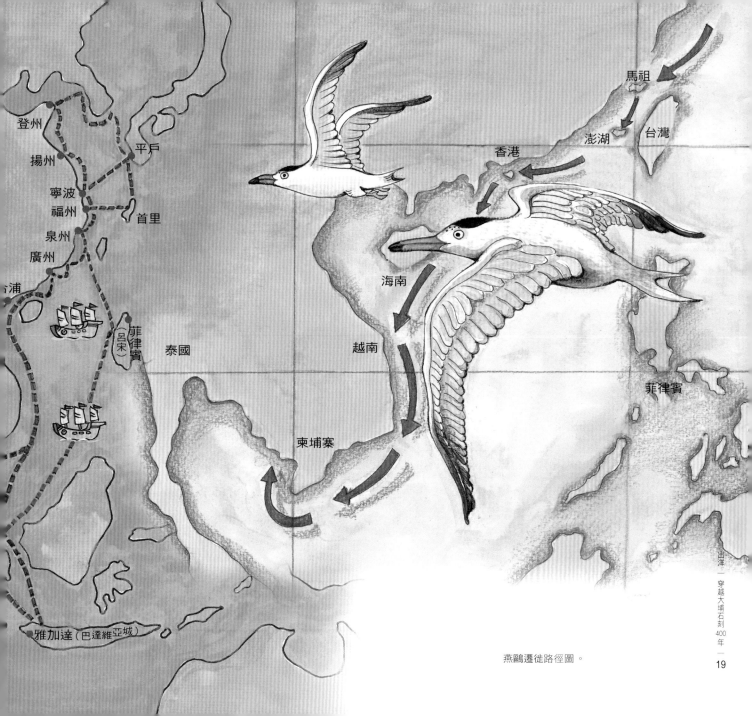

登州

揚州

寧波
福州

泉州

廣州

浦

平戶

首里

菲律賓
(呂宋)

泰國

柬埔寨

雅加達（巴達維亞城）

馬祖

澎湖

台灣

香港

海南

越南

菲律賓

燕鷗遷徙路徑圖。

出洋—穿越大埔石刻400年—

富饒的閩江流域，號稱福建的母親河，不僅孕育了福州港周邊的城市與腹地，千年以來更執掌福建省的政治與文化的中樞地位。相對於閩江口外的馬祖列島，戰略地位也跟著水漲船高，視為拱衛省城福州的前沿島嶼，總計36座島嶼和險礁星羅棋布於東海，自古以來即標示在針路上，成為東亞航線上的航標。

宋元時期的福州城與內港連接城與港的萬壽橋，北宋時以木船架設南北2座浮橋，到了南宋紹興十一年(1141)，石墩橋建成。元朝大德七年(1303)，僧人王法助奉旨改建石板橋。建成後命名為萬壽橋，與南面的「江南橋」，同是通往福州城的交通衝道，也是福州港所在地。

泉州灣挖出的宋朝古沉船，攝於泉州開元寺海交舊館。這艘泉州造的福船，在泉州灣後諸港挖掘；全長17.65米，約兩千料合算120噸，內隔13道水密艙房。船型成V字上寬下窄尖，利於破浪。接縫處用桐油、石灰、麻絲艌緊，以防漏水。

福船剖面模型。（攝於泉州海外交通史博物館）

古代應用於海上的羅盤。（攝於泉州海外交通史博物館）

宋朝福州城遺留的泔液境與水井。（攝於福州南后街三坊七巷）

福州城歷經多次修築南邊所遺存的護城河，即今日位在安泰河一帶，具有江南水鄉的景象。（攝於福州玉山澗巷）

福州城內「光祿吟臺」的摩崖石刻。北宋神宗熙寧年間，郡守程師孟常來法祥院遊覽，趁興吟詩，僧人鐫刻「光祿吟臺」於石上。（攝於福州光祿坊內）

有人形容馬祖列島是「上天撒落在閩江口外的一串珍珠」，就地理位置來說確實如此，沿海岸線躍島北上，抵達浙江的舟山群島，向南逐島通過平潭列島、南日島到達泉州灣；向東南隨著夏季季風，繞過北台灣頭基隆，順著風航向琉球群島。

這串珍珠最為明亮的一顆，就是東沙島（即今東莒島）。不同年代散發著不同的光芒，留下不同的歷史遺跡，可說是馬祖列島的「時間的膠囊，海洋的據點」。面

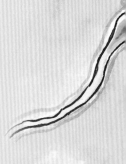

連江縣

東莒島福正蔡園裡遺址定位為「宋元時期歷史遺址」。這裡曾挖掘不少的瓷器殘片，以及唐代的銅錢。

福州近郊懷安窯殘片。（攝於馬祖民俗文物館）

磁灶「曾竹山」或「金交椅山」的瓷瓶殘件，是流行於南宋至元代的酒器。（攝於馬祖民俗文物館）

有把瓷壺白胎青釉造型十分優美，約北宋時期。（攝於馬祖民俗文物館）

東馬祖列島與閩江口附近海域相對位置圖。

浮鷹島
小西洋島
西洋島
魁山島
羅源彎
黃岐半島
黃岐
筱埕
定海
北竿島
曉澳
五虎島
川石島
壺江島
岐島
梅花鎮
南竿島
西莒
東莒
亮島
西引
東引

積小到不足3平方公里的小島，由於地理位置的優越，位處於閩江口南側，是船隻出閩江口候風開洋的泊地，航海圖冊的座標，不僅有一席之地，更是遠古人類海洋活動的重要據點。

距今6000年的史前熾坪隴遺址，大量發現新石器時代的採集工具，以及夾砂繩紋陶，證實他們在這裡過著海洋生活；另一處是福正村蔡園裡遺址，定位為「宋元時期歷史遺址」（距今1270年），透過出土的瓷器殘片，找到跟季風貿易有密切關聯的線索，比對窯系，遍及福建著名的德化窯、建窯、懷安窯、閩清窯、浦口窯、曾竹山窯、漳州窯……等窯藝，並擴及浙江的龍泉窯與越窯。這些出土的瓷片，不乏是外銷海外的壓艙貨，例如：福州近郊的懷安窯，曾在唐末外銷到印尼、泰國、日本九州等地；連江的浦口窯，主要生產青白瓷，曾在宋元時期外銷到日本和東南亞。

從東沙島的遺址，我們見識到東亞貿易圈的網絡，將中國的瓷器透過中西海上交通與貿易的交流，深深影響西方人的日常生活。同樣說明歷史上重要的海上事件，這座島未曾缺席過，包含400年前沈有容將軍征倭戰役。

東犬燈塔
距今145年

燈塔
國定古蹟

宋元
歷史遺址

蔡園裡遺址
距今1271年

熾坪隴遺址
距今6100年

熾坪隴遺址

老頭山
大埔石刻

大埔石刻
距今400年

東莒島內不同時間所遺存的古蹟示意圖。

BOX

「針路」

宋代以後羅盤與航海地圖廣泛應用，通常水羅盤有24個刻度，分別以天干、地支、八卦刻記方位，再搭配航海地圖裡的「更」，來換算里程，「托」來測水的深度。因此，一份完整的航海地圖，一定會詳列：島名、方位、更、托等資料，稱為「鍼路」（針路）。發展到明朝，船上的火長地位極為重要，如《東西洋考》所說：「其司針者，名火長，波路壯闊，悉聽指揮。」

福　　正　　聚　　落

海禁、海商與海患之間

糾葛

島嶼、港口透過帆船通往世界，
世界透過季風帶來財富；
局勢好的時候，
海上千帆過盡，
造就「漲海聲中萬國商」、「海潮市井十邑人」榮景。
局勢不好的時候，
這片海域經常上演官兵捉海盜，
海商淪為私梟，下海結幫拉夥成為一代梟雄，
因此，海禁政策的嚴或弛，朝貢貿易的緊或寬，
攸關明朝海患劇烈的程度。

明朝初年尚未頒布海禁前馬祖列島
漁民依海維生的想像圖。

出祥一穿越大埔石刻400年

明朝初年，開國君主朱元璋下達「片板不許下海」的禁令，馬祖列島與福建其他島嶼的命運一樣，被列為禁山。洪武二十年(1367)六月，左參議王鈍清建議「徙福建海洋孤山斷嶼之民，居沿海新城，官給田耕種」。大批居住海島的漁民，被迫流離家園，而且遷戶過程過於粗暴，引發民怨積深。

海禁國策，不僅悖離宋元以來海上貿易發展的歷史潮流，更嚴重的是漠視東南沿海地區的自然環境，以及居民依海維生的生計；就福建地理環境來說，山多田少素有「八山一水一分田」說法，向來需要仰賴外省運送米糧援助。一旦「片板不許下海」，糧貨無法順暢流通，居民與海商被逼得鋌而走險，於是私自下海通番變成勾番地步。歷史上所謂倭寇加劇，其實倭寇十分之七來自海商與貧民，《明史·日本傳》指出：「大抵真倭十之三，從倭者十之七。」

許多大海商下海為寇，多藉倭人（日本人）姓氏，目的想掩官府耳目，避免禍延家人。

俗話說的好「只准州官放火，不許百姓點燈」，明朝海上貿易，只允許官方進行朝貢貿

洪武二十年(1387)下達「片板不許下海」的禁令，馬祖列島大批居住海島的漁民，被迫流離家園。

易，即使是以朝貢為名義的貿易，亦設下重重的關卡，整個東南沿海地區只劃定福建的泉州（後來移至福州）、廣東的廣州、浙江的寧波設置市舶提舉司，多數時候重用宦官來擔任提舉司主官，嚴格管制國外朝貢船隻的數量、設定禁販的貨物種類、加重繁瑣的勘合手續，以及限縮通商口岸出入等，設下通商的人為障礙。

福州的「柔遠驛」專門接待琉球來的專使驛館。（攝於福州市南公園琯后街）

綜觀明朝的朝貢貿易，自有一套以天朝秩序為中心的觀念在幕後操縱，刻意製造「萬邦來朝」的現象，通商貿易成為施恩的手段，如果不服這套禮制或違反禁約，隨時可以關閉海上貿易。眾國來華朝貢貿易，以琉球王國倍受禮遇，視為「守禮之邦」的樣板，並且在福州設「柔遠驛」接待專使；近在咫尺的日本卻沒有那麼順利，多次因斷交而禁止通商互市，即使室町幕府足利義滿當權，願意以朝貢之名行貿易之實。但是好景不常，日本進入南北戰國時代，時局變得更加複雜，各地領主無法約束倭人下海，加上中國東南沿海雷厲推行海禁政策，海商不得不化明為暗，勾結部分的日本生倭。

BOX

明朝與琉球王國之間交流

明朝憲宗成化年間，官方的市舶司由泉州遷移到福州，並且在福州的水部門外設置「柔遠驛」，專門負責接待琉球使者、水梢居住的驛館，明朝共派出了15次冊封專使，以及派遣福建三十六姓協助琉球王國經貿文化發展，今首里城還遺留孔廟與天妃廟。而琉球的朝貢船來到福建，更高達數百次之多，透過季風相互往來關係密切，嘉靖年間鄭若曾所編的《鄭開陽雜著‧琉球圖說》，標明通往琉球航路在「梅花東外山開船」，山是島嶼的航海用語，「東外山」即「東沙山」是現在的東莒島。

中國冊封使出使琉球登上那霸港後，
儀仗隊排場的假想圖。

34

直到明嘉靖年間，走私貿易的風氣興盛，直接衝擊海禁政策，打破過去朝貢貿易的框架。浙江的雙嶼與福建的月港，一時成為走私重鎮，換個角度看這些走私秘境，何嘗不是現代翻版的自由貿易區。朝廷派性格耿直的朱紈，前去查禁海商私梟與打擊閩浙一帶倭寇，雖然立下不少顯赫戰績，最終引發海商與地方勢家極大反彈，不滿他阻斷海上財路，造成商機日蹙，朝中重臣以濫殺無辜，彈劾朱紈。形成朝野輿情壓力，世宗皇帝下詔革職查辦，他不堪受辱，留下遺言「縱天子不欲死我，閩浙人必殺我」，後服毒自殺。朱紈的死，其實是海禁與弛禁之間衝突。

首里王城的牌樓牌匾「守禮之邦」，是為迎接中國冊封使而懸掛。（攝於沖繩首里王城）

琉球朝貢船隻船型具有福船的風格。（攝於沖繩博物館）

首里王宮前廣場是舉行冊封盛典的地方。（攝於沖繩首里王城）

35

明朝《使琉球錄》的〈琉球過海圖〉，明萬曆七年(1579)蕭崇業出使琉球，在針路圖裡標示東湧山與東沙山。（摘錄李仕德編《追尋明清時期海上馬祖》頁53）

朱紈更沒有料及事後掀起海患，就像打開海上的潘朵拉盒子；嘉靖後期中國東南的政局，一直掉入反海禁與嚴海防的漩渦裡。

抗倭重臣都御史王忬上奏朝廷，細數最著名的十多位倭寇頭目，多數籍貫屬於浙江、安徽、福建、廣東四省，其中被點名寇首的是徽州王五峰（王直）。嘉靖年間，王直率領的海商集團，旗下船隻經常往返於日本與浙江之間，以浙江雙嶼與日本五島、博多等地區，做為中日走私貿易的地點。受龐大的利益驅使，中國沿海商民一再要求明朝能解除海禁，開放通商互市，卻遭官府嚴厲拒絕，迫於形勢只好下海劫掠與走私。王直就是典型海商變成私梟再轉向海盜集團的實例，憑藉他長袖善舞與縱橫四海的手腕，收服各股海寇頭目，聲勢日益坐大並自立為「淨海王」、「徽王」，官兵無力追剿只得招撫。

閩浙海道總督胡宗憲藉著跟王直有鄉誼關係，派蔣洲、陳可願赴日本五島說服

王直歸降。明嘉靖三十六年，胡宗憲佯稱允諾通貢互市的條件，以及照顧妻兒老母，騙取王直歸順，不料官府失信，王直反而被斬殺於杭州。王直的親信毛海峰等頭目，憤而率餘眾由浙江沿岸南下沿途燒殺擄掠，並且與張璉（廣東饒平人）、洪澤珍（福建漳州人）、張維（福建龍溪人）等海上勢力連通一氣。

海患來勢洶洶，福建沿海遍地烽火，許多島嶼一度成為海盜巢穴，官府警覺勢態嚴重，派驍勇善戰的戚繼光率義烏軍兩度進入福建，與總兵俞大猷以及福建巡撫譚綸共同進剿倭寇，分進合擊才弭平這場大動亂。

這時期馬祖列島無法倖免於患，海面常見官兵與海盜的船艦相互激戰，文獻記載：嘉靖四十二年五月(1563)官府派福州兵備道副使汪道昆在東湧（即今東引島）外洋緝捕盜賊黃怡，發現敵蹤後，水軍戰船快速以巨艦優勢衝撞倭寇的船隻，撞沉四艘，一舉擒獲真倭27名；小埕水寨把總傅應嘉，察覺竿塘洋面（即今南、北竿島的洋面），是倭寇船隻南下的要衝，分派哨官張楠、李勝蛟，千戶許瀚專領兵船一艘，巡弋海上隨時堵

竿塘洋面即今南北竿島的海面。（攝於南竿島12據點，眺望南北竿島之間海域，曾是偵察倭寇船隻南下的要衝）

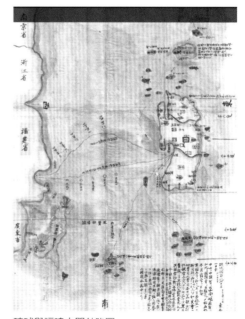

琉球與福建之間針路圖。

明嘉靖年間，福州兵備道副使汪道昆在東湧（即今東引島）外洋緝捕盜賊。（攝於東引后澳的海蝕門）

截，這些官兵在白犬外洋（即今東、西莒島海面）與倭船20艘遭遇，明朝水軍仗勢福船戰艦噸位大，撞沉倭船8艘，並且生擒真倭35名。

嘉靖後期到隆慶年間前後約二十餘年間，經過明朝動員水陸兩軍強力掃蕩，海盜或倭寇的集團勢力逐漸瓦解，而大明王朝也因此付出慘烈的代價，換來漳州的月港有限度開禁，允許閩南籍的海商，透過海防館申請官方文引，出洋船隻採配額制，通往南洋與呂宋貿易，這一小步突破了「片板不許下海」的缺口，造就月港日益繁榮，逐漸享有「南方小蘇杭」的稱譽。唯獨對倭寇還存有戒心，將日本列在禁止通商的國家；萬曆年間，兩度爆發日本入侵朝鮮事件，引起東

亞地區周邊國家的軍事緊張，再次拉起「倭寇」的防備警訊，沈有容就曾隨備倭總經略——宋應昌軍部應援朝鮮，而後轉任服役於福建水師，屢次征倭戰寇，嶄露頭角成為一代名將。

而「倭寇」一詞，直到日本進入鎖國時代，德川幕府採許可的朱印狀貿易，嚴格管制各地倭人私自下海，從此倭與寇分道揚鑣，取而代之是中國本土的巨寇崛起。

明朝水師官兵在白犬外洋（即今東、西莒島海面）與倭船20艘激戰，撞沉倭船8艘，並且生擒真倭35名。（攝於東莒島，眺望東、西莒島之間海域）

大　　浦　　聚　　落

水寨、水師與水岸之間

部署

福建山形水勢交織成格子狀，
閩江、晉江、九龍江，
大江東南流向台灣海峽。
武夷山、鷲峰山、戴雲山，
大山脈東北向西南走勢。
海岸線蜿蜒曲折，曲折率高居中國第一。
北起福鼎的沙埕港，南迄紹安的洋林，
全長 3051 公里；古書說「閩在海中」，
海防因勢布陣，如兵書所指：常山靈蛇，
擊首尾至，擊尾首至，擊中則首尾俱至。

明代福建五大水寨分布圖。（參考李仕德編《追尋明清時期海上馬祖》）

水寨挑臨水岸突出點，原初設計就是為了偵防倭寇，主動出擊於海上。明初水寨設有三處：烽火島水寨（福寧海面）、南日島水寨（南日島）、浯嶼水寨（漳泉海面）；後來海防日益重要，明朝景泰年間增設銅山島水寨（即今東山島）和小埕水寨（即今連江縣筱埕鎮）。嘉靖年間戚繼光與譚綸，建議朝廷恢復這五個水寨海戰功能，與各地衛所相互協調接應，希望發揮海陸整體作戰，以及護衛福建四府一州戰略重鎮的安全，包括：福寧、福州、興化、泉州，以及漳州在內，各有一座水寨的建置。

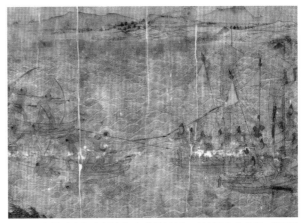

倭寇圖卷描述水師與倭寇海上作戰情形。（摘錄李仕德編《追尋明清時期海上馬祖》頁125）

　　明代中晚期海岸守備大致分成南北兩區，北方海域守備設參將，指揮烽火島與小埕兩個水寨；南方海域守備，另外調任參將指揮銅山與浯嶼兩個水寨，總兵平日駐守南日島水寨居中策應；一旦發現倭寇，可調動南北參將協同海陸作戰。每座水寨配備各種大小船艦編組成一支龐大的艦隊，包括福船、

BOX
　　明代衛所兵制與水寨
自明太祖朱元璋擊潰方國珍，趁勝分水陸兩支直取福建，派湯和親率水軍經閩江口進入，殲滅元將陳友定奪得省城福州。福建底定後，為防範方國珍殘部及寧波衛指揮林賢與日本勾結，危害中國東南沿海一帶海防安全，在洪武二十年（1387）四月，任命信國公湯和與江夏侯周德興共同前往福建建置衛所兵制，從福、興、漳、泉四府民戶，按籍三丁取一為軍戶戍守衛所重鎮，選出兵丁「一萬五千餘人，築城一十六，置巡檢司四十有五，分隸諸衛以為防禦」。省級最高軍事衙署──福建都指揮使司駐防福州，由都指揮使綜理軍事部署，並且在福建沿海重要海域設置水寨，抽調衛所兵員戍守，水寨設有把總節制水軍。按明《會典》：「一衛五所共船50艘；一所10艘，一船旗軍100名。船有虧折，有司補造；損者，軍自修理。」

哨船、冬船、鳥船、快船，各有作戰的任務與功能。採取決戰於海上、追剿於灣澳、殲滅於水岸邊的戰術，一旦發生海戰，一號二號福船噸位大，先衝撞敵艦，打亂對方陣勢；中型噸位的哨船、冬船，方便於趁亂追擊敵船；鳥船、快船的船形較小，機動性強，可偵蒐藏匿於較淺灣澳的敵船，擅長於纏鬥。

水師平常時候，為摸清海上敵蹤出沒與季風之間的規律，排定巡邏汛期，每年分成春汛與秋汛。在重要島嶼設遠哨，依照規定季節與路線出海「巡哨」，例如：在馬祖列島設哨（白犬設後哨，北竿、高登設左哨，南竿設右哨，東湧設遠哨）。並且在水寨與水寨之間進行南北「會哨」，透過巡哨與會哨的例行任務，構成嚴密的守衛

孤懸於九龍江口外的浯嶼島面積不到一平方公里，戰略地位卻非常重要。（攝於漳州市浯嶼島外海）

浯嶼島的碼頭。（攝於漳州市浯嶼島）

網。春汛約在農曆三月至五月之間，從日本方向航海至中國東南沿海，不需要十餘日就到達。六月以後中國東南沿海轉為西南風，可趁西南風順風北上；尤其是春汛，這季節是倭寇最常出沒的時機，於是春汛又稱為大汛。冬汛約在農曆九月至十一月，節令小陽春是東北季風最強勁的時候，有些倭寇乘風從日本而來，在中國避冬，等待明年南風吹起時，再北上返回日本。

明萬曆年間傑出的水師將領沈有容，就曾經出任南北兩大水寨防務，並且參與營建衙署建置。

閩南地區的浯嶼水寨，位於廈門灣外，北距廈門六海浬、東北距金門約八、九海浬，比較靠近金門的大膽和二膽島，是控制漳州與泉州的門戶，自古以來就是軍事要地，明初江夏侯周德

廈門與鼓浪嶼之間水域。（攝於廈門的和平碼頭）

過去控制泉州灣的浯嶼水寨今成為石湖港。（攝於泉州灣的石湖港）

金門料羅灣屬於浯嶼水寨海上的防區。（攝於金門縣料羅灣東面的灘頭）

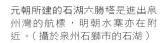
元朝所建的石湖六勝塔是進出泉州灣的航標，明朝水寨亦在附近。（攝於泉州石獅市的石湖）

崇武古城的甕城屬於浯嶼水寨海上的防區。（攝於惠安縣崇武古鎮）

崇武古城走馬道。（攝於惠安縣崇武古鎮）

雉堞

興看中這座島嶼，做為浯嶼水寨的基地。明朝中葉以後，水寨武力逐漸廢弛，衛所的軍戶大量逃亡，士兵嚴重缺額，同時還面臨缺糧餉、缺船艦等問題。明孝宗弘治年間，考量浯嶼位置孤懸海外，遷移水寨到廈門（舊稱嘉禾）中左所，留下浯嶼孤島。嘉靖年間，洪澤珍、謝策、謝萬貫、吳平等海盜集團，皆曾盤踞過浯嶼，成為倭寇南北流竄的基地，引發官府高度重視，總兵俞大猷、劉顯督兵直搗浯嶼，才收回海防重地。

浯嶼水寨第三度遷移到泉州灣的石湖，是受到泉州知府程達建議。他認為石湖位在崇武與料羅之間海域，可以左右馳援，於是把遷寨的工作，交給沈有容將軍全權規畫，不久水寨依次興建：監司署、海防

明朝泉州永寧衛城遺址。（攝於泉州石獅市永寧古鎮）

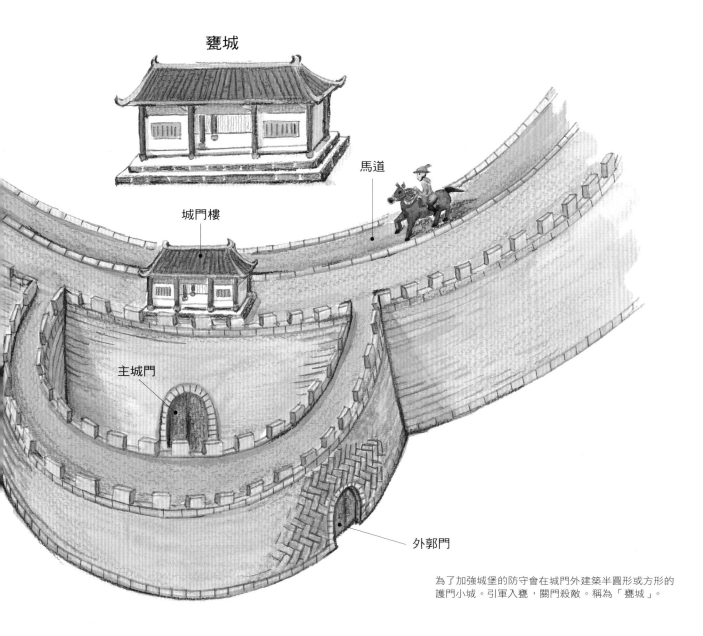

甕城

城門樓

馬道

主城門

外郭門

為了加強城堡的防守會在城門外建築半圓形或方形的護門小城。引軍入甕，關門殺敵。稱為「甕城」。

泉州永寧衛城內城隍廟與嘉靖年間的古砲。（攝於泉州石獅市永寧古鎮）

小埕水寨位置即今連江縣筱埕鎮定海灣。（攝於連江縣筱埕鎮）

署、寨署、玄武祠、閱武場等武備設施齊全，儼然成為海上軍事重鎮。浯嶼水寨風光落成時，恰好碰到沈有容征倭自台灣凱旋歸來，葉向高（福清人，曾任內閣大學士首輔）特書「改建浯嶼水寨碑」，以示沈有容戰功彪炳。

浯嶼水寨平時分兵巡哨，派駐船艦與人員屯守於料羅（即今金門）、崇武、圍頭、永寧，由此可知金門當時是沈有容重要的防區。

閩東地區的小埕水寨，位於黃岐半島南端突出部位，東西兩面各控制黃岐灣與定海灣，與南、北竿島僅一水之隔，距離北竿島白沙港僅11.2海浬，北自東湧、南至白犬洋面，整個馬祖列島都涵蓋在小埕水寨的防區內。嘉靖年間在南、北竿島的雲台山和壁山，皆設置煙墩，以偵探海上軍情，與小埕水寨互相聯繫。而且每年定期巡哨離島，藉

機在這片海域操練水師，董應舉（連江人）就認為一支訓練精良的水師，要跟經驗老練的漁民多多學習。從閩江口五虎門出海，一路駕駛船艦安穩離開竿塘洋面，安全抵達東湧洋面，如果能通過海程考驗，承受大風大浪的顛簸，而不會發生暈吐的生理現象，就算是優秀的水師。

小埕水寨最接近福州省城，防備最為森嚴，一旦遇到海盜大舉來犯時，小埕水寨可調集鄰近沿岸的衛所兵力共

南竿雲台山舊名「煙墩山」。（攝於南竿島雲台山）

雲台山眺望北茭半島筱埕鎮定海灣與黃岐鎮。（攝於南竿島雲台山）

從北竿島壁山遠眺東北面海域。（攝於北竿島壁山）

同協防，包括：梅花、萬安、定海等千戶所，總兵力可集結約四千多人。

小埕水寨與定海千戶所比鄰而建，關係就如唇齒相依。明初，周德興曾在定海構築千戶所，至今還留下城堡遺址，南城門石匾石刻「會城重鎮」，穿過城門中軸位置是參將府衙署舊址，現已拆除成為宗祠，石板台階猶存明朝遺址，舊衙署前還豎立一塊石碑半截嵌在民房，碑文主要記述戚繼光與沈有容抗倭史蹟，落款時間

定海千戶所甕城遺址。（攝於連江縣筱埕鎮定海村）

「明萬曆己未孟秋」，即萬曆四十七年（1619）。而參將府就設在定海城堡內，是由沈有容銜命操辦重修，新建衙署布局：正堂兩翼各建耳房，左右兩側建偏房，給牙將居住；正堂前有儀門，門外有樓，樓內有館專門接待禮賓，署後有山可登高望遠，建一座涼亭取名「籌海」，附近還有一座香火鼎盛的城隍廟。同一年設置定海水標三路，統領水軍約千人，配備戰艦24艘，設游擊官銜，總領三路水師。

萬曆年間水寨、水師與水岸之間戰略部署，以及跟陸上衛、所屯兵共同協防，構成靈活的防衛體系。攻守一體的海陸作戰觀念，是在海患最劇烈的背景下，透過實戰磨合而成，雖然明朝國運日益衰落，水寨與衛所的軍力日漸廢弛，如果指揮官具有卓越的軍事素養，仍然有機會發揮整合地域優勢，日後證實沈有容是一位很有謀略的將軍，不僅能戰而且還是談判的高手。

定海城的參將府遺址即黃氏宗祠現址。（攝於連江縣筱埕鎮定海村）

定海城內沈有容派人挖掘的水井。（攝於連江縣筱埕鎮定海村有容路20號附近）

定海城內萬曆四十七年的半截石碑。（攝於連江縣筱埕鎮定海村）

東 莒 大 浦 灣 老 頭 山

渡過 黑水溝

破倭於東番

洋流是大海的動脈，運送與交換大海物質；
每年寒冬烏魚成群南下，
進入台灣海峽西岸與澎湖洋面，
正是肥碩產卵季節，黃澄澄的烏魚子，
漁民視為海裡的「烏金」。
魚汛來臨，漳泉一帶的漁民張帆出洋，
台灣海峽成為漁民們的傳統漁區；
澎湖群島視為守衛明朝海疆的門庭，
然而，台灣卻視為化外之區「東番」。

「石湖東頭海負廓，臺烽煙火時落落。忽然寇至莫敵當，徑到泉州橋下泊」；「窮冬晦節沉海月、將軍殺氣連宵發」這是《閩書》作者何喬遠讚賞沈有容的詩句。

萬曆二十九年，沈有容擔任守備浯嶼水寨的欽依把總，相當於校級海軍軍官；這時期浯嶼水寨正準備由廈門遷到泉州灣的石湖，海岸的烽火臺時常見到升起煙火，示警倭寇來犯；同一年沈有容將軍率領水軍，殲敵於東椗（現屬於金門縣），追剿於廣東與福建之間的南澳海域，倭寇知道泉州一帶防備森嚴，知難退守澎湖與台灣。

明朝水師與倭船在台南附近海域激戰的示意圖。

沈

梧嶼島的天妃廟重建於明萬曆二十九年。（攝於漳州市梧嶼島）

梧嶼島天妃廟，廟內遺存沈有容重建天妃廟的碑記。（攝於漳州市梧嶼島）

　　沈有容主動請命出洋追擊，與銅山水寨的把總張萬紀，聯手擊敗倭寇於澎湖。凱旋歸來，不忘媽祖娘娘的神靈庇佑，重修梧嶼島的天妃廟，落成後親手撰寫碑記，內容語多感謝神恩，順利平定了南澳、澎湖一帶的倭寇興風作亂，今梧嶼島還保存這塊萬曆三十一年石碑，列為重要文物。

　　為杜絕倭患，沈有容祕密策動一場規模更大的軍事行動。萬曆三十年（1602），入秋後積極操練水軍、修建戰艦、儲存軍糧⋯⋯為遠洋出征做準備。臘月時節，沈有容見時機成熟，號令水師出洋，諸將與舵師見東北季風強勁海上波濤洶湧，皆面有難色，藉口沒有巡撫檄文不可入海。沈有容持劍正氣凜然的說：「我有巡撫的密信在此，誰敢阻撓違令，則斬！」顯然受福建巡撫朱運昌的支持，於是率領21艘船艦破浪出航，夜晚風雲驟變，海上捲起滔天巨浪，眾艦四處飄散，沈有容所乘坐的旗艦靠泊丁嶼門，天亮以後僅尋獲14艘船艦歸隊，繼續向東航行，越過澎湖洋黑水溝，抵達東番大員（台南）港海面，倭寇見狀倉促應戰，明朝水師嚴陣以待，等到倭船靠近，下達火力攻擊的命令，燒毀敵船6艘，不少倭寇掉入海中溺斃，並且救回被擄走的371人，徹底殲滅盤據在台灣的倭寇。

　　隨軍同行有位重要人物——陳第（連江縣人），他在班師返回廈門海域時，藉〈舟師客問〉分析這次渡海破倭戰勝的原因，包括：第一、戰前情報收集完備：沈有容事前招募漁民，前往台灣

調查地形，得知台灣西南沿岸，哪些島嶼灣澳可以停泊船隻，並繪製成作戰地圖。第二、倭人錯估形勢：認為秋汛後明軍依慣例會從澎湖撤防，隨之而來冬季風浪強勁，以及年關將近，水師不可能渡海，沒料到明水師會採取奇襲作戰。第三、水師積極戰備：軍中保密防諜做到滴水不漏，沒有人知道作戰的機密；戰前評估敵我雙方戰力，諸如：船艦、火器、兵力素質……皆遠超過敵方。第四、激勵作戰士氣：一旦出洋決戰，雖遇驚濤駭浪，指揮若定督軍勇往直前，銳不可當。又在破賊之後，擄獲戰利品不入私囊，均分給有功官兵，以鼓舞軍心。

沈有容的軍事簡歷

沈有容(1557-1627)徽州宣城人，軍事素養多來自家學淵源，祖父沈寵是武將出身，官拜僉事，父沈懋敬曾在蒲州任官，叔父沈懋學萬曆五年狀元，兄沈有則曾任福州別駕；幼年習武，騎馬、擊劍樣樣精通，並且喜好兵略。武舉鄉試時，被薊遼總督梁夢龍賞識，授以昌平千總，後來調任薊鎮東路統轄南兵後營，屢破蒙古騎兵。萬曆十四年隨李成梁出塞經略東北，攻陷北關，戰績顯赫擢升為都司僉事。萬曆二十年，日本入侵朝鮮，跟隨宋應昌部軍援朝鮮，力抗日本關白豐臣秀吉。由於具有豐富的實戰經歷，又有軍事韜略，當福建倭寇再起，福建巡撫金學曾倚重沈有容軍事長才，力邀來到福建籌備海防。

萬曆二十五年，擔任海壇游擊指揮。

萬曆二十七年調任浯銅游擊指揮，後來晉升浯嶼水寨的欽依把總。

萬曆三十四年調任浙江都司僉事，後來轉任浙江溫州參將。

萬曆四十四年調回福建，出任小埕水寨參將，東沙戰役後，沈有容將軍的軍事長才，再度受到朝廷賞識，這時中國東北的女真人崛起，前方戰事吃緊，再度接受軍令臨危受命，萬曆四十七年調任山東副總兵。天啟元年，遼東半島與瀋陽相繼失陷，山東海防日益重要，拔擢沈有容為都督僉事，兼任山東總兵，駐防登萊重鎮，因許多策略不為重用。天啟四年，告老返鄉後，於天啟七年病逝。

陳第（連江縣人）隨沈有容出征，完成首部以漢文書寫的〈東番記〉。

後續「捷聞，文武將吏悉敘功，有容齎白金而已」這場戰役論功行賞，沈有容立了大功，卻遭致其他將領忌妒，只得到六兩白銀獎賞。失望之餘，多次提出辭呈不如歸去。新任巡撫徐學聚知遇將才難覓，極力慰留他，繼續掌管閩南一帶水師防務。

沈有容擊潰倭寇後，在台灣停留約二十多天。陳第有機會就近觀察台灣原住民的生活與風土民情，完成首部以漢文書寫的〈東番記〉，後人稱讚陳第的〈東番記〉「不遜於現代人類學家的調查報告」。他的足跡踏遍今天台灣西南部的八掌溪河口到高屏溪之間，這一帶原屬於平埔族西拉雅人活動區域。至今世居台南東山西拉雅人的吉貝耍部落，依然崇拜祖靈阿立矸，這是一種特殊的「祀壺信仰」，瓶裡插著代表祖靈神力的澤蘭；部落裡大小公廨不僅是議

BOX

沈有容與陳第之間私誼

連江籍陳第（1541-1617），與沈有容將軍關係匪淺，嘉靖年間拜抗倭名將俞大猷為師學兵法，後來俞大猷推薦給戚繼光，派駐北方守薊門邊關重鎮，陳第就在這時候認識年輕的沈有容，成為莫逆之交。萬曆二十五年，陳第經過平壇島，拜訪當時擔任鎮東衛守將的沈有容，受邀巡遊平壇海面，觀賞石碑洋巨石，勘查海防設施。後來沈有容調防閩南，陳第再度造訪廈門，兩人共遊南普陀山，勒石題刻「萬曆辛丑四月朔，三山陳第、宛陵沈有容同登此山，騁望極天，徘徊竟日」；邀約言歡之餘，得悉籌備遠渡重洋征剿東番的軍事行動，他以62歲高齡，自動請纓隨軍參謀，並一路記錄軍情。

〈東番記〉描述明朝末年台灣生活場景。

出汪－穿越大埔石刻400年一

捕鹿
漢防避人甲後壙中
秦竹鸌官理竿杜教
番畫狀朱冬知各杜
築萎捕鹿名鳥此草

西拉雅人在山林間捕獵鹿群。（攝於台南安平古堡博物館）

事場所，更是祖靈屋；初一、十五一般族人會帶著米酒和檳榔到公廨，祭拜最虔誠的神靈「尪祖、阿立母」。而且每年還舉行孝海祭，其中一種說法是為了紀念先祖渡海來台而罹難，即「七神船破遇難日」的傳說。

今日實地觀察東山的吉貝耍部落，距離海邊有一段路程，陳第〈東番記〉裡提到西拉雅人原居住於海濱，畏怕海洋，不善於操舟；是否跟海難傳說，以及嘉靖年間遭倭寇燒殺劫掠，避居內陸有關，不得而知。不過，明朝後期西拉雅人時常與漢人交易，而且歷史記載閩南一帶的漢人，開始移入台灣西南沿海平原拓殖，期間也有為數不少的倭寇、海盜與海商集團，開始進入台灣。

西拉雅人吉貝耍部落孝海祭。（攝於台南市東山區）

明萬曆二十九年(1601)陳第造訪廈門，與沈有容兩人共遊南普陀山，勒石題刻「萬曆辛丑四月朔，三山陳第宛陵、沈有容同登此山，騁望極天，徘徊竟日」。（攝於廈門南普陀山）

西拉雅人公廨。（攝於台南市東山區）

西拉雅人「祀壺信仰」，瓶裡插著代表祖靈神力的澤蘭。（攝於台南市東山區）

BOX

〈東番記〉

內容多記載台灣原住民的生活與風土民情，依據〈東番記〉裡面的描述：當時社會結構是屬於母系社會形態，女子常下田工作，可以挑選中意的男子作為丈夫，而且具有家產的繼承權；「社」約600-1000人間聚族而居，社裡大小事通常在公廨裡決議；男子有穿耳、女子有斷齒（年15、16歲時拔去唇兩旁的牙齒），脖頸配飾銅鈴等習慣；社會還遺存馘首的習俗，將首級取下來後，懸掛在門前，視骷髏頭越多越能象徵壯士的身分；男子負責在山林間打獵，鹿是最大宗的經濟與生活的來源，平常禁止捕獵，冬天來臨時才開禁，捕獵的方式約百人合圍鹿群，善用鏢來狩獵，這類武器長約五尺，銛非常鋒利，器身是以竹柄鐵鏃而成；山野裡除了鹿以外，還有熊、虎、豹等猛獸出沒；同時畜養貓、狗、雞、豬等家畜；田裡栽種稻穀，米粒比中國種籼稻稍長，採苦草雜米釀酒；間種大小豆、胡麻、薏仁、番薯等作物，以及蔥、薑等；果樹常見椰子、毛柿、佛手柑、甘蔗等。

東　莒　港　碼　頭

當西方艦隊遇到東方的水師

黑潮帶來高溫、高鹽影響沿岸氣溫與生態環境。

自赤道北上，經過菲律賓呂宋島，

流向台灣東部的太平洋，

一股湧升流形成北台灣豐富的漁場，

繼續轉往琉球與日本群島，

黑潮流經的島鏈號稱東亞島弧。

另一股支流，

轉向南中國海與澎湖列島南部海面，

強勁的洋流，亙古不斷；

西潮東漸，大航海時代卻衝擊古老的東方文明。

「沈有容諭退紅毛番韋麻郎等」，這塊石碑當地人譽為「台灣第一古碑」。日據時期，馬公市天后宮整修廟宇時，挖出一塊石碑，刻有「沈有容諭退紅毛番韋麻郎等」字，碑文不完整，可能從「等」字下斷裂，無法得知是何人、何時所立。查看董應舉在天啟年間寫給福建巡撫南居益的一封信提到：「彭湖港形如葫蘆，上有天妃宮，此沈將軍有容折韋麻郎處也。」

建築外觀古色古香的天后宮，舊稱媽宮是「馬公」地名的由來，目前是國定一級古蹟的文化資產。天后宮內古碑，揭開

澎湖「馬公」天后宮。（攝於澎湖縣馬公市）

譽稱「台灣第一古碑」──「沈有容諭退紅毛番韋麻郎等」。（攝於澎湖縣馬公市天后宮）

出洋 — 穿越大埔石刻400年 —

一段大航海時代的線索。由於澎湖位於國際航路的要衝，歐洲艦隊經過南海北上，或由琉球、日本的南下的貿易船隻，都把澎湖當作重要的中繼站。萬曆年間澎湖群島的地位，日益受到重視，主要是澎湖位居福建海防的前線，一直守住大明的門戶。

元朝曾在澎湖設置巡檢司，相當於現在的警察局，行政管轄隸屬於福建泉州府，汪大淵在

沈有容與荷將韋麻郎在馬公談判的示意圖。

《島夷志略》記載澎湖「島三十有六……泉人結茅為屋居之」，那時澎湖群島人口眾多。明朝初年，實施海禁政策，居民遷移回泉州安置，並且廢除巡檢司。大海盜曾一本、林道乾、林鳳曾在島嶼出沒，萬曆年間為防備倭寇，派兵春、冬兩季汛守，由浯嶼與銅山水寨分兵守備。

萬曆年間，朝鮮戰事剛結束不久，朝廷對倭犯記憶猶新，不少大臣對福建海防感到憂心忡忡時，另一股海上勢力正悄悄崛起，荷蘭艦隊正迎面衝向中國叩關。

荷蘭聯合東印度公司成立後，隨即派Wybrant van Warwijck中文名稱「韋麻郎」，率15艘船（3艘先發）艦隊，從他的故鄉德瑟兒(Texel)出航來到亞洲。萬曆三十一年(1603)韋麻郎率領艦隊，來到馬來半島的大泥（北大年），這時西班牙在菲律賓殖民地的馬尼拉，發生機易山事件，屠殺大批的華人，中國關閉對西班牙人的貿易。馬來半島的華商李錦、潘秀、郭震等人與韋麻郎熟識，見機不可失，建議來中國直接貿易互市，提供管道買通福建稅監高寀；於是聘請漳州人潘秀持國書，要求比照葡萄牙人取得澳門模式，希望打開福建的貿易市場；萬曆三十二年(1604)八月七日韋麻郎率艦隊出現於澎湖列島，當時澎湖汛兵已撤離，荷蘭船艦如入無人之境。

荷蘭人原意尋求與中國展開貿易，想藉機佔領澎湖做為據點，派遣通譯林玉前去泉州遊說高寀。高寀是明神宗得寵的宦官，派到南方尋找財源，來到福建後得到總兵官朱文達支持，差遣周之範帶信前去澎湖索賄，暗盤喊價一度高達三萬金，允許以通商互市作為條件。

福建巡撫徐學聚得知內情，上疏給明神宗，力陳東南海防洞開的危機，以及開市後江南絲綢價格可能下跌為理由，反對荷蘭人占據澎湖作為貿易據點，主張恢復在呂宋島與西班牙人的貿易。神宗皇帝瞭解個中錯綜複雜關係，下召逮捕潘秀等人依律處置。徐學聚得到皇帝授權後，一方面與呂宋島的西班牙人進行貿易談判，一方面指示副總兵施德政派兵驅逐荷蘭人，因前有東番征倭戰功，各方屬意浯嶼水寨把總沈有容率軍進剿，而沈有容態度偏向安撫，極力說服上司認為「彼來求市，非為寇也，奈何剿之？」於是藉機力保通譯林玉出獄，隨行去見韋麻郎。

根據李光縉的《卻西番記》，詳細記錄沈有容如何諭退韋麻郎的過程，兩人在馬公談判時，充滿戲劇張力，雙方幾度爭執，即使韋麻郎手下拔劍顯露鋒刃，寒光逼人，沈有容將軍毫無畏懼，繼續曉以義理動以溫情，說到：「互市茲事體大，地方官員不敢專擅，即使守住空島終無所市，留無益也，不如去別處」。再進一步愷切分析，讓韋麻郎知道受潘秀、高寀等所蒙蔽，私下賄賂官員是不可行；話鋒一轉軟中帶硬，如果不願離去，只好兵戎相見，就像過去「破倭東海上，海水盡赤？」般慘烈，通譯林玉也從旁協助勸說，韋麻郎見明水師集結了50艘戰船於海上，自知無法取勝，只好預留退路於十二月五日離開澎湖。

此次荷蘭人受挫離去，轉而積極經營南洋香料群島生意，以及打開日本貿易航線（1609年在平戶設立商站），厚積實力於18年後再度前來澎湖。

東　　　莒　　　村　　　景

靈魂 救贖 與胡椒 爭奪

一粒胡椒引起餐桌上革命，
荷蘭人、西班牙人、葡萄牙人……率領艦隊東來，
都想壟斷南洋群島的香料產地，以及尋找宣教的機會。
胡椒的誘惑，等同於實物貨幣，
流通於世界各地，
東西方人視為「黑色黃金」；
歐洲人繞過南非的好望角，來到印度洋，
穿越馬六甲海峽，來到南洋，
通過南海，來到東亞，
發現了台灣，美麗的「福爾摩沙」。

聖地亞哥城堡葡萄牙人於1511年佔領馬六甲後所建，後毀於1607年荷蘭人的炮火，現僅存城門遺址。

這個教堂是由葡萄牙將領Duarte Coelho在1521年所興建，荷蘭人佔領馬六甲後，將教堂移作城堡，今天在外牆上仍可見到不少子彈孔。

「我們為尋找基督徒與香料而來。」是歐洲人來到東方的動機。事後的歷史發展，證明歐洲海商強國挾重商主義，以及傾國家的力量做後盾，一波波踏浪前來亞洲，尋找貿易與殖民的機會。早在明孝宗弘治十一年(1498)，葡萄牙人達伽馬(Vasco da Cama)繞過非洲南端的好望角，首度來到南亞印度，有人問他們為什麼要到這裡來，船上的人回答說：「我們為尋找基督徒與香料而來。」後來葡萄牙人佔領滿剌加（今馬六甲），在南洋建立橋頭堡，一路北上，最先在中國的澳門與日本的長崎建立貿易的據點與宣教的機會。

「沈有容諭退韋麻郎等」後，東西方開了新一波浪潮。16世紀後期，荷蘭脫離西班牙獨立後，不辭千里來到東方，見到葡萄牙與西班牙各據一方，各占有東亞貿易站。後到的荷蘭商團想以「亞洲區間貿易機制」，打破東亞貿易的秩序。萬曆四十七年(1619)荷蘭人在印尼的雅加達建立「巴達維亞」城，作為海洋商業帝國的總部與海軍艦隊的指揮部，控制香料群島，以及巽他海峽，並且自葡萄牙手中奪取馬六甲海峽。只差中國這塊貿易圈版圖，就能達成理想的藍圖，於是再度想到澎湖群島，希望藉此打開月港貿易的窗口。

天啟二年至四年(1622-1624)荷蘭艦隊司令官雷爾生(Cornelis Reijersz)奉命率軍前來澎湖，在風櫃尾突出小半島的蛇頭山，建立城堡。

16世紀荷蘭船艦模型。

台南熱蘭遮城的繪圖。（攝於台南市安平古堡）

風櫃尾突出小半島的蛇頭山建立荷蘭城堡。
（攝於澎湖縣馬公市蛇頭山）

大航海時代亞洲區間貿易示意圖利用亞洲各國特有的商品，如：印度的布、東南亞的胡椒與香料、日本的白銀、中國的絲綢與陶瓷⋯⋯，荷蘭人希望從中建立起一套循環而有效的交易。

浯嶼守備王夢熊帶著福建巡撫商周祚的信函，前往澎湖談判，循沈有容模式說服荷蘭人撤離，幾經折衝與交戰，都沒有結果。最後新任福建巡撫南居益，得到熹宗皇帝的授權，派俞諮皋率軍至澎湖圍剿荷軍，大海商李旦居中調停，荷蘭新任司令孫克(Martinus Sonck)態度軟化，衡

台南熱蘭遮城的樣貌。

量雙方兵力與作戰決心，願意拆除城堡可用的建材，載往台南建立熱蘭遮城，開啟了荷蘭人殖民台灣階段，今台南安平古堡還保留部分殘跡。因為荷蘭人的衝擊，成為17世紀東亞最具影響力的商貿大國，而朝貢貿易也名存實亡。

熱蘭遮城的外城殘壁。（攝於台南市安平古堡）

荷蘭另一個競爭對手西班牙人，從美洲出太平洋，在明隆慶四年(1570)佔領呂宋島，做為東亞貿易與宣教的基地，並且從墨西哥中南美洲一帶運來大批的白銀，與福建船隻在呂宋島進行貿易，由於白銀源源不斷的輸入中國，促成明朝實施銀本位的貨幣制度。當荷蘭人勢力進入台南，西班牙意識到面臨競爭的壓力。

天啟六年(1626)西班牙艦隊離開馬尼拉灣，沿台灣東部航行至東北部海灣，命名Santiago（今三貂角），最後抵達雞籠港，在今天基隆的和平島（清代稱社寮島）建立堡壘，稱聖·薩爾瓦多（San Salvador），繼而在淡水建立堡壘。開啟荷蘭與西班牙分別佔領台灣南北做為殖民地，直到崇禎十四年(1642)荷蘭艦隊從西班牙人手中奪得雞籠、

BOX
歐洲人最早把台灣畫成一座島的地圖
艾爾南度·第·洛斯·里奧斯(Hemand de los Rios Coronel)大佐主張西班牙要佔領北台灣的雞籠，他在萬曆二十四年(1597)呈給西班牙國王的軍事意見書中，附上一張地圖，名稱「台灣島·菲律賓島·及一部分中國海岸圖」，這幅地圖把台灣畫成一個島，在島的北部註明雞籠、淡水港，以及台灣與福州、漳州、漁夫群島（澎湖群島）、琉球群島、呂宋島等相對位置，這是西方地圖中最早把台灣畫成一座島。

淡水，才完全掌控在台灣的殖民。

　　明清改朝換代之際，荷蘭人面對新興崛起的力量，在鄭氏集團與清王朝政權之間，尋求最大的利益，正考驗荷蘭東印度公司的抉擇，更衝擊台灣的歷史轉折！

熱蘭遮城的內城半圓堡壁、古井，據傳古井可通往赤嵌樓。（攝於台南市安平古堡）

安平古堡內挖掘出部分熱蘭遮城的考古遺址。（攝於台南市安平古堡5號探坑）

紅色原點是17世紀荷蘭人在東亞的貿易據點。（攝於台南市安平古堡博物館。）

出洋　穿越大埔石刻400年

83

17世紀的長崎港右邊上是出島——長崎歷史文化博物館典藏。（攝於長崎市歷史民俗資料館）

荷蘭人的冷兵器與古砲。（攝於台南市安平古堡博物館）

長崎出島模型十七世紀日本進入德川幕府時代限定荷蘭等國家，在長崎出島設商館。（攝於長崎市歷史民俗資料館）

荷蘭
Netherlands

南非好望角
Cape of Good Hope

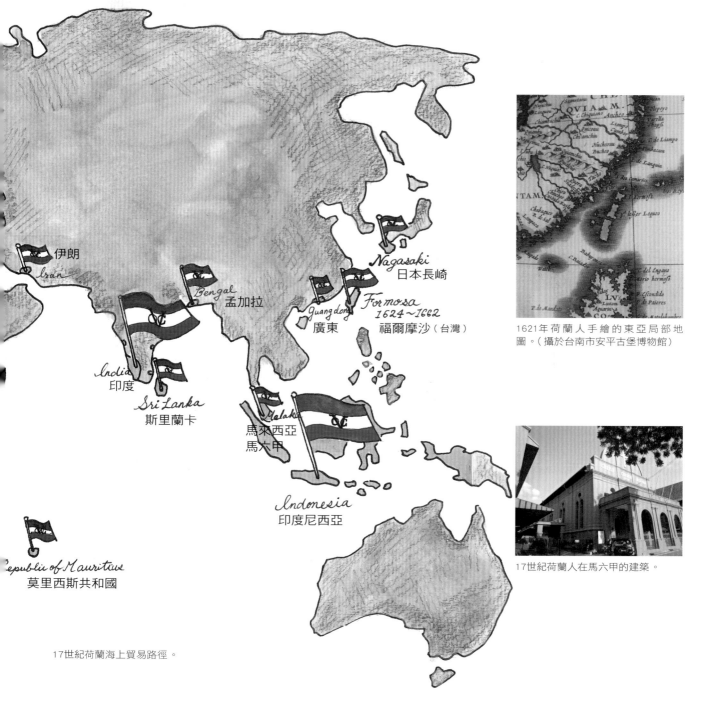

伊朗
Iran

Nagasaki
日本長崎

Bengal
孟加拉

Guangdong
廣東

Formosa
1624~1662
福爾摩沙（台灣）

India
印度

Sri Lanka
斯里蘭卡

Malaka
馬來西亞
馬六甲

Indonesia
印度尼西亞

Republic of Mauritius
莫里西斯共和國

1621年荷蘭人手繪的東亞局部地圖。（攝於台南市安平古堡博物館）

17世紀荷蘭人在馬六甲的建築。

17世紀荷蘭海上貿易路徑。

出洋｜穿越大埔石刻400年｜

東莒的東洋山與神秘小海灣

紅花石蒜 開了，紅了

大埔石刻 400 年

夏末繁華落盡，馬祖列島時序進入初秋季節；
滿山遍野的紅花石蒜接續盛開，
一株株火紅的花朵沒有綠葉襯托，
依然美麗的紅遍山野。
花開花落……生命終須輪迴，
在日本稱做彼岸花的紅花石蒜，隔著東海的彼岸，
靜靜的開遍東莒島尾的老頭山，
紅了大埔石刻，滾滾紅塵
穿越 400 年前舊事……

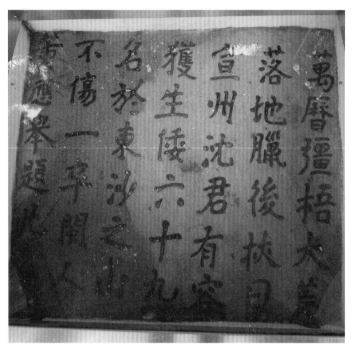
東莒老頭山大埔石刻。（攝於東莒島老頭山）

「萬曆彊梧大荒落，地臘後挾日，宣州沈君有容，獲生倭69名於東沙之山，不傷一卒，閩人董應舉題此。」這是大埔石刻的全文。

這面石刻所記錄事蹟，與澎湖的一古碑「沈有容諭退紅毛番韋麻郎等」相距十四年。解讀摩崖刻文：古代常以天干地支計時，彊梧為丁，大荒落為巳，地臘即端陽節，挾日即十日。合算事件發生時間是在萬曆四十五年(1617)五月十五日，宣州籍沈有容將軍俘虜生倭69名（實際誤將兩名閩南籍船工計算在內）。這塊石碑記錄沈有容將軍與董應舉兩位歷史名人的關

BOX

大埔石刻的發現與爭議

民國四十二年(1953)駐軍構工時發現岩盤上有石刻的鑿跡，經小心清理赫然發現石刻全文，並在四周築矮牆保護。民國五十五年(1966)，馬祖防衛司令部司令官雷開瑄，見石刻飽受風雨剝蝕，興建六角亭一座遮蔽保護，請當時任國防部長蔣經國題字為「懷古亭」，並於次年立碑亭，碑記「大埔石刻……」，於是被援用迄今，並以「大埔石刻」專名登錄文化資產。

沈有容將軍在東沙島圍剿倭人，至少有三處有爭議：投降的日期，對照黃承玄奏疏所說提早一日，推測董應舉約取整數，真正發生的時間應在萬曆四十五年(1617)五月十四日。石刻的地點是在東莒的老頭山，距離大浦聚落有一段路程。人數實際只俘虜67名生倭，後來被斬首的兩人，並非是日本原籍，一名叫做張表，倭名安福門，原籍泉州人，投靠倭船擔任「火長」；另一名王應龍，倭名雙在門，原籍漳州人，充當柁工。

老頭山懷古亭。（攝於東莒島老頭山）

東莒島老頭山北面的岬灣。（攝於東莒島大埔聚落）

東莒島老頭山前方的岬角與灘頭。（攝於東莒島大埔石刻前）

係，並且牽涉日本、琉球、馬祖的東莒島、台灣等地的史跡關聯。

　　日本一直希望以台灣為基地，做為對明朝貿易的集散與轉口的地方。萬曆二十年，豐臣秀吉侵入朝鮮時，即傳有意出兵台灣，遲遲未付諸行動。直到德川家康掌政，萬曆三十七年(1609)，薩摩藩主島津家久派兵入侵琉球群島，尚寧王被迫投降。同年，家康派肥前島原日野江的城主有馬晴信赴台灣偵探，傳信給《高砂國遠征訓令書》，調查台灣北部的地理、港灣、物產等資料，俘虜數名當地原住民，掠奪數艘中國船隻而歸。

　　萬曆四十三年，長崎代官村山等安再度提出攻略台灣的計畫，獲得許可派船南下。由於福建巡撫黃承玄事前得到琉球國遣使密報，誇稱：「日本造船300隻，將來犯順，上下戒嚴」，事實上只有13艘船艦南下，打算侵擾台灣北部，巡撫黃承玄據報不敢大意，立刻上疏給朝廷報告：倭人若攻占基隆（雞籠），取得台灣（東番），則福建、浙江、江蘇等東南海疆倍受威脅。同時，私下徵詢誰能統領福建水師重任，而且具有海戰經驗，經董應舉等人推薦，唯有沈有容將軍是最佳人選。於是黃承玄再度上奏，借調浙江溫州參將沈有容迅回福州，授以水標參將官銜，專　管水師游擊海上，授權分游福建南北海域，居間

策應水寨備戰，可見地方巡撫對沈有容的倚重。

萬曆四十四年三月，村山等安派次子村山秋安率船艦隊13艘，從長崎啟航南下台灣，航行到琉球海域時遭遇暴風雨，船隊四處漂散，其中兩艘由明石道友率領的船隻，靠泊東湧島。偵探回報，官府派董伯起喬裝成漁民，前去東湧島暗查，上岸後因手掌不似一般漁民布滿厚繭，而被識破身分，明石道友沒有加害董伯起的意圖，為求自保，

大浦聚落。

93

東莒島燈塔山與福正村聚落。（攝於東莒島福正村燈塔山）

青芝山董公祠。（攝於連江縣
琯頭鎮青芝山）

董伯起前去東湧島布袋澳（今清水澳）偵倭身分
被識破後，反而被明石道友擄走。（攝於西引島
的清水澳）

 BOX

董應舉〈籌倭管見〉

石刻題者董應舉(1557-1639)字崇相，號見龍，福建閩
縣龍塘人（現屬連江縣琯頭鎮），萬曆二十六年(1598)進
士，官至太僕卿、工部右侍郎等職，與葉向高、陳第、
沈有容等人皆熟識，共同關心海防的發展，對時局感到憂
心忡忡。晚年辭官後，開發百洞山（青芝山）鐘鼎山林之
餘，著有《崇相集》，對於明朝末年東南海防弊端痛下針
砭。

萬曆四十四年〈籌倭管見〉，董應舉寫到：「雞籠去閩僅
三日，倭得雞籠，則閩患不可測，不為明州，必為平
壤。故今日倭犯我則變急而禍小；倭取雞籠，則變遲而禍
大。……與其以雞籠市也，孰若以琉球市，與其闌出而釀
勾引也，孰若開一路於琉球。」董應舉認為日本對雞籠垂
涎很久，此次村山等安計畫攻取雞籠，將對福建造成不可
預料的禍害，就像明州（寧波）那樣屢遭倭患，以及與朝
鮮一樣，為日本所侵略（指豐臣秀吉的朝鮮之役）。為解
決此一問題，他主張與其讓日本人到雞籠作貿易，倒不如
開放到琉球貿易。

沈有容圍困桃煙門等倭寇於東莒島，共有
67倭人棄械投降的示意圖。

強行擄走返回日本。萬曆
四十五年三月，明石道友受
村山等安衛命送回董伯起，
被小埕寨官兵攔住，由沈有
容出面審訊，從明石道友處
問到日本謀台的詳情，五月
初正準備遣返，卻發生東沙
之役。

　再說秋安的3艘船隊，
被吹散而抵達越南；遲遲
得不到消息，村山等安著急
的派遣桃煙門率二百餘人，
南下尋覓秋安下落；萬曆
四十五年四月，船隊到達浙

盛開於東莒島的紅花石蒜，
在日本稱做彼岸花。（攝於
通往大浦聚落的魚路古道）

青芝山主峰蓮花峰。（攝於連江縣琯頭鎮青芝山）

隱藏在福州市朱紫巷內的董見龍先生祠。（攝於福州府學里5號）

江洋面與官船激戰，擊沉一艘有18名官兵遇害；五月間，船隊劫掠福建沿海，擄走鄭居等漁戶二十餘人，福寧水師把總何承亮追擊，倭船竟遇暴風漂散，有3艘大船擱淺，靠泊於東沙島，登上島整修補給。巡撫黃承玄聞訊，命令巡海道韓仲雍、兵備道卜履吉、參將沈有容兵分三路進攻，沈有容將軍負責指揮全域，擊潰倭寇支援船3艘，溺斃多人，生倭餘眾困守島上。當時把總何承亮主戰，沈有容認為倭外援已絕罄，東沙島灘頭多礁石，不利於強攻；同時鑒於倭人擅長陸戰短於水鬥，應避開敵鋒不與纏鬥，在水師合圍下，倭人不敢貿然下海奪船逃逸。

大埔石刻北面的灘頭，附近正在施工興建猛澳港防波堤。

大埔石刻南面的灘頭，附近是馬祖列島最南端的林坳嶼。

懷古亭碑文補正。

　　沈有容將軍考量五月過後進入颱風季節，不利於長期圍而不剿，派出通譯王居華上岸勸降，表示明石道友已受撫，桃煙門態度軟化的說：「有道友書來，即從。」沈有容將軍飛船攜帶明石道友親筆函一封，書到倭人果然信守承諾，共有67倭人棄械投降。沈有容押解生倭28名與兩名從倭的首級，其餘生倭分給諸將記功，並且成功救回被擄走漁民22人。

　　東沙戰役後，東南倭患餘勢始消蹤匿跡，轉而歷史進程發展至本土巨寇如劉香、鄭芝龍崛起，繼續縱橫海上，直到明朝覆亡。

懷古亭興建碑記。

▌後記
於海洋歷史的意義

　　歷史的功用在於鑑往知來，跟著沈有容將軍出洋，主動出擊倭寇，平東番、圍東沙、諭退韋麻郎的戰績，善於靈活運用戰術與談判，成就萬曆年間一代名將的地位。戰術往往受限於更高層次戰略與國策指導，發現明初「封疆固守」成為國家的戰略思考，北虜南倭箝制國運生機，一步步走向衰亡；北方修長城沿邊設九鎮，派重兵以防禦蒙古騎兵南侵；東南沿海，卻採取「片板不許下海」的鎖國政策，原星羅棋布的島嶼，多數被劃定在遷島的命運，一紙遷界的布告，不但影響數以萬計島民流離失所，不少人被迫下海為寇，源源不斷推向盜寇集團，以浙江、福建、廣東三省倭患最為劇烈，自古以來這三省得天獨厚發展出海上絲綢之路，以及東西洋交通的樞紐，因為海禁而困住這一帶的海洋活力。

　　正如曹永和先生所言：「東亞歷史舞臺，自古即以中國為中心，在封冊體制下，結合了周邊各國而形成一完整的世界。然而這些說法一般均源自東亞國際秩序的想法……對於那些不合於國家範疇的地域，以及生存在這些地區人們的樣態等問題，似乎還未能充分地在東亞世界中來包容或掌握。」因此，我們更應該以寬容史觀看待這一帶海洋歷史的發展，尤其是海禁政策下，那些海商階層，被迫下海走向私梟或海盜集團，猶待歷史給予新的評價。

明代海上事件關鍵年表

洪武二十年（1367）	太祖・朱元璋採納王鈍清建議，在福建沿海島嶼（包括馬祖列島在內）進行徙民墟地的海禁國策，「片板不許下海」的結果，造成成千上萬的家庭流離失所，罔顧海洋生計。
成祖永樂三年（1405）	成祖・朱棣派遣鄭和出使西洋（至1431年為止共7次下西洋）主要任務除宣揚國威外，詔諭各國前來朝貢，並將官方的朝貢貿易體制推向顛峰。
代宗景泰年間（1450-1456）	陸續增設銅山島水寨、小埕水寨。至此福建沿海設5個水寨，與各地衛所相互協調接應，希望能護衛福建四府一州的安全。
明嘉靖三十六年（1557）	胡宗憲誘降王直，不久被斬殺於杭州。造成餘黨毛海峰等人南竄，海患蔓延福建、廣東兩省。官府派戚繼光、俞大猷、福建巡撫譚綸分進合擊，逐漸蕩平福建的海患。同年葡萄牙人取得澳門，做為國際貿易根據地，明朝的朝貢貿易體制名存實亡。
嘉靖四十二年五月（1563）	汪道昆在東湧外洋緝捕盜賊黃怡，一舉擒獲真倭27名；同時白犬外洋與倭船遭遇，撞沉倭船8艘，並且生擒真倭35名。這是發生在馬祖列島的著名海戰。
隆慶元年（1567）	漳州的月港有限度開禁，出洋船隻採配額制，突破了「片板不許下海」的缺口，造就月港逐漸享有「南方小蘇杭」的稱譽。
隆慶四年（1570）	西班牙人佔領呂宋島，並且從墨西哥等中南美洲一帶運來大批的白銀，與福建船隻在呂宋島進行貿易，因白銀源源不斷的輸入中國，成為明朝主要的貨幣，號稱白銀帝國。
萬曆二十年（1592）～ 萬曆二十六年（1598）	日本豐臣秀吉兩度侵入朝鮮，至萬曆二十六年豐臣秀吉病歿，援朝諸將合力用兵，日軍退敗，繼任幕府將軍德川家康，延續官方的朱印貿易。
萬曆三十年（1602）	沈有容率明朝水師，抵達東番大員（台南）港海面，燒毀倭船6艘，並且救回被擄走的371人。隨軍連江籍陳第，就近觀察台灣原住民的生活與風土民情，完成首部以漢文書寫《東番記》。
萬曆三十二年（1604）	荷蘭人韋麻郎率艦出現於澎湖列島，浯嶼水寨把總沈有容力主安撫，說服韋麻郎退軍。今馬公市天后宮留有「沈有容諭退紅毛番韋麻郎等」碑。
萬曆三十七年（1609）	日本薩摩藩主島津家久派兵入侵琉球群島，琉球國尚寧王被迫投降。同時，德川幕府派肥前島原日野江的城主有馬晴信赴台灣偵探，自此台灣的商貿地位日益重要。
萬曆四十五年（1617）	福建巡撫黃承玄任命參將沈有容，分三路水師合圍東沙島，並且得明石道友親筆函一封勸降，共67倭人投降，兩名從倭的漢人就地斬首，救回被擄走漁民22人。今在東莒島老頭山留存「大埔石刻」遺跡。
萬曆四十七年（1619）	荷蘭人在印尼的雅加達建立「巴達維亞」城，做為海洋商業帝國的總部與海軍艦隊的指揮部。同年沈有容由小埕水寨參將調任山東副總兵。

出洋　穿越大埔石刻400年

出洋：穿越大埔石刻400年 參考書目

一、方志

1. 劉家國等；《連江縣志》，2013年續修（馬祖版），連江縣政府發行，102年12月出版。
2. 梁克家；《三山志》，海風出版社，2000年8月第1版。
3. 陳壽祺等；《福建通志》清·同治十年重刊本，華文書局印行。
4. 徐景熹等；《福州府志》清·乾隆十九年影印版，台北成文出版社，1967年出版。
5. 何喬遠；《閩書》，福建人民出版社，1995年12月出版。
6. 黃仲昭；《八閩通志》，福建人民出版社，1990年5月出版。
7. 林金炎；《莒光鄉志》，莒光鄉公所發行，2006年5月出版
8. 張平官等；《連江縣志》（大陸版），方志出版社出版，2001年8月第1版。
9. 郭琳等；《福州市志》，方志出版社出版，1998年12月第1版第1次印刷。
10. 清·鄭祖庚纂修；《閩縣鄉土志》，1974年6月台一版。

二、專書與研究報告

1. 李仕德；《追尋明清時期的海上馬祖》，連江縣政府出版，2006年1月初版。
2. 林金炎；《馬祖兵事》，連江縣政府出版，2010年4月初版。
3. 徐曉望；《閩國史》，五南圖書公司出版，1997年初版。
4. 徐曉望；《福建通史》（第四卷明清），福建人民出版社，2010年初版。
5. 曹永和；《中國海洋史論集》，聯經出版事業公司出版，2000年10月初版。
6. 沈有容；《閩海贈言》台灣歷史文獻叢刊，台灣省文獻委員會出版，1994年5月初版。
7. 鄭樑生；《明代中日關係研究》，文史哲出版社出版，1984年3月初版。
8. 林力毅等；《連江古碑》，連江縣政協文史資料委員會出版，2010年第1版。
9. 楊仁江等；《馬祖列島發展史國際學術研討會論文集》，連江縣社會教育館，2000年初版。
10. 黃麗生等；《2009馬祖研究──歷史遺產與當代關懷》（論文集），連江縣政府出版，2009年初版。
11. 松浦章；《明清以來東亞海域交流史》，博揚文化事業公司出版，2010年12月初版。
12. 《二十五史·明史》，開明書局鑄版。
13. 方豪；《中西交通史》，中國文化大學出版部出版，1983年12月新一版。
14. 黃啟權；《福州鄉土文化彙編》，福建省福海文教基金會，2010年11月重刊。
15. 梁二平；《中國海洋地圖舉要》，風格司藝術創作坊，2015年3月初版。
16. 何國慶；《萬曆駕到──多元·開放·創意的文化盛世》，遠流出版社，2016年11月初版一刷。
17. 鄭永常主編；《海港·海難·海盜：海洋文化論集》，里仁書局，2012年12月初版。
18. 鄭永常；《來自海洋的挑戰：明代海貿政策演變研究》，稻香出版社，2008年7月再版。
19. 陳高華、陳尚勝；《中國海外交通史》，文津出版社，1997年初版。
20. 張增信；《明季東南中國的海上活動（上）》，東吳大學中國學術著作獎助委員會，1988年10月初版。
21. 陳在正；《台灣海疆史》，揚智文化出版社，2003年初版。
22. 呂自揚；《打狗·阿猴·林道乾──尋找高雄平埔族的身影》，河畔出版社，2014年12月初版刷。
23. 陳國棟；《東亞海域一千年》，遠流出版社；2005年11月初版。
24. 茅元儀；《明武備志》。
25. 周婉窈；《山在瑤波碧浪中──總論明人對台灣的認識》。

馬祖Find系列

出洋：穿越大埔石刻 400 年

2017 年 6 月初版

定價：新臺幣 320 元

Printed in Taiwan.

發 行 人　劉增應
總 策 劃　吳曉雲
執 行 策 劃　陳立忠 · 陳瑾瑛
出 版 單 位　連江縣政府
執 行 單 位　連江縣政府文化處
地 　 　 址　連江縣南竿鄉清水村136-1號
電 　 　 話　0836-22393
網 　 　 址　www.matsu.gov.tw

承 製、發 行　聯經出版事業股份有限公司
作 　 　 者　王花俤
繪 　 　 圖　郭金昇 · 董逸馨
顧 　 　 問　翁佳音 · 曹銘宗
叢 書 主 編　黃惠鈴
編 　 　 輯　張玟婷
整 體 設 計　陳淑儀
地 　 　 址　台北市基隆路1段180號4樓
電 　 　 話　(02)87876242
聯 經 網 址　www.linkingbooks.com.tw
電 子 信 箱　linking@udngroup.com
I S B N　978986052627-1　（精裝）
G P N　1010600754
統 一 編 號　78752245

國家圖書館出版品預行編目資料

出洋：穿越大埔石刻400年/王花俤文 . 郭金昇、
董逸馨圖 . 初版 . 連江縣莒光鄉，連縣府 . 2017年
6月（民106年）. 104面 . 19×21公分（馬祖Find系列）
ISBN　978-986-05-2627-1（平裝）

1.人文地理　2.福建省連江縣

673.19/137.4　　　　　　　　　　106008306